Bendición Al Cumplir Quince Años

Order for the Blessing on the Fifteenth Birthday

Bendición Al Cumplir Quince Años

Order for the Blessing on the Fifteenth Birthday

LA CONFERENCIA DE OBISPOS CATÓLICOS
DE LOS ESTADOS UNIDOS
WASHINGTON, DC

UNITED STATES CONFERENCE OF CATHOLIC BISHOPS
WASHINGTON, DC

C.B. P.C.

CATHOLIC BOOK PUBLISHING CORP.
NEW JERSEY

Concordat cum originali:
✠ Steven J. Lopes
Chairman, USCCB Committee on Divine Worship
after review by Rev. Dustin P. Dought
Executive Director, USCCB Secretariat of Divine Worship

Imprimatur:
✠ Kevin J. Sweeney, D.D.
Bishop of Paterson

September 29, 2023

(T-7024)

ISBN 978-1-958237-40-3

Printed in Korea 25 WO 1

catholicbookpublishing.com

(T-7024)

ISBN 978-1-958237-40-3

Impreso en Korea 25 WO 1

catholicbookpublishing.com

CONTENTS

ÍNDICE

**CONGREGATIO DE CULTU DIVINO
ET DISCIPLINA SACRAMENTORUM**

Prot. n. 1709/05/L

CIVITATUM FŒDERATARUM AMERICÆ SEPTEMTRIONALIS

Instante Excellentissimo Domino Gulielmo Stephano Skylstad, Episcopo Spokanensi et Præside Conferentiæ Episcoporum Civitatum Fœderatarum Americæ Septemtrionalis, litteris die 5 mensis octobriis 2005 datis, vigore facultatum huic Congregationi a Summo Pontifice BENEDICTO XVI tributarum, textum anglicum et hispanicum Benedictionis pro decimo quinto ætatis anno inuente, prout in adiecto exstat exemplari, perlibenter approbamus seu confirmamus.

In texto imprimendo mentio fiat de approbatione seu confirmatione ab Apostolica Sede concessa. Eiudem insuper textus impressi duo exemplaria ad hanc Congregationem transmittantur.

Contrariis quibuslibet minime obstantibus.

Ex ædibus Congregationis de Cultu Divino et Disciplina Sacramentorum, die 10 mensis iulii 2007.

✠ Albertus Malcomus Ranjith
Archepiscopus a Secretis

P. Antonius Ward
Subsecretarius

UNITED STATES CONFERENCE OF CATHOLIC BISHOPS

DECREE OF PUBLICATION

Bendición al cumplir quince años

In accord with the norms established by decree of the Sacred Congregation of Rites in *Cum, nostra ætate* (January 27, 1966) and the Congregation for Divine Worship and the Discipline of the Sacraments in *Liturgiam authenticam* (March 28, 2001), the *Bendición al cumplir quince años/Order for the Blessing on the Fifteenth Birthday* is declared to be a part of both the *Bendicional* and the *Book of Blessings* for use in the dioceses of the United States of America, and is published by authority of the United States Conference of Catholic Bishops.

The *Bendición al cumplir quince años/Order for the Blessing on the Fifteenth Birthday* was canonically approved for use by the United States Conference of Catholic Bishops on November 15, 2004, and was subsequently confirmed by the Apostolic See by decree of the Congregation for Divine Worship and the Discipline of the Sacraments on July 10, 2007 (Prot. n. 1709/05/L).

From this date, the *Bendición al cumplir quince años/Order for the Blessing on the Fifteenth Birthday* may be used in the liturgy.

Given at the General Secretariat of the United States Conference of Catholic Bishops, Washington, D.C., on July 26, 2007, the feast of Saints Joachim and Ann, parents of the Blessed Virgin Mary.

Most Reverend William S. Skylstad
Bishop of Spokane
President, United States Conference of Catholic Bishops

Reverend Monsignor David Malloy
General Secretary

LA CONFERENCIA DE OBISPOS CATÓLICOS DE LOS ESTADOS UNIDOS

DECRETO DE PUBLICACIÓN

Bendición al cumplir quince años

Según las normas establecidas por el decreto de la Sagrada Congregación de Ritos, *Cum nostra aetate* (del 27 de enero de 1996) y la Congregación para el Culto Divino y Disciplina de los Sacramentos, *Liturgiam authenticam* (28 de marzo de 2001), esta edición de la *Bendición al cumplir quince años/ Order for the Blessing on the Fifteenth Birthday* es declarado como parte del *Bendicional* y *Book of Blessings* para las diócesis de los Estados Unidos de América y se publica con la autoridad de la Conferencia de Obispos Católicos de los Estados Unidos.

La *Bendición al cumplir quince años/Order for the Blessing on the Fifteenth Birthday* fue canónicamente aprobado por la Conferencia de Obispos Católicos de los Estados Unidos el 15 de noviembre de 2004, y confirmado luego por la Sede Apostólica por el decreto de la Congregación para el Culto Divino y la Disciplina de los Sacramentos del 10 de julio de 2007 (Prot. n. 1709/05/L).

Desde esta fecha, la *Bendición al cumplir quince años/Order for the Blessing on the Fifteenth Birthday* puede ser utilizado en las celebraciones litúrgicas.

Dado en el Secretariado General de la Conferencia de Obispos Católicos de los Estados Unidos, Washington, D.C., el 26 de julio de 2007, la fiesta de San Joaquín y Santa Ana, padres de la Santísima Virgen María.

✠ William S. Skylstad
Obispo de Spokane
Presidente
La Conferencia de Obispos Católicos de los Estados Unidos

P. David Malloy
Secretario General

Order for the Blessing on the Fifteenth Birthday

1. Among several Spanish-speaking countries and among many Hispanics in the United States there is the custom of celebrating the passage from childhood to adolescence with a ritual that expresses thanksgiving to God for the gift of life and that asks for a blessing from God for the years ahead. This may be done within Mass by use of the rites of blessing provided in nos. 3-16 or by a blessing outside Mass, celebrated according to the rites given in nos. 17-32.

2. Since this rite may be used for more than one person, the changes in parentheses indicate the plural forms.

A. Order for Blessing on the Fifteenth Birthday within Mass

3. Depending on the provisions of the rubrics in the Liturgy of the Word, the readings may be taken either from the *Lectionary for Mass* or from the Mass of Thanksgiving as indicated in Masses for Various Needs and Occasions.

4. The Homily follows the Gospel reading. In it the Priest gives an explanation of the grace and mystery of life based on the sacred texts.

5. The Universal Prayer follows, either in the form usual at Mass or in the form given in nos. 33-34.

6. In the Liturgy of the Eucharist the Order of Mass is observed.

7. Before the final blessing the Priest invites the *quinceañera* (*quinceañeras*) to make an act of thanksgiving and of a personal commitment to lead a Christian life.

8. The *quinceañera* (*quinceañeras*) may do so in these or similar words:

BENDICIÓN AL CUMPLIR QUINCE AÑOS

1. Es costumbre entre varios países de habla española y entre grupos hispanos en los Estados Unidos el celebrar y marcar el paso de la niñez a la adolescencia con un rito que exprese agradecimiento a Dios por el don de la vida y que implore la bendición de Dios para los años venideros. Esto se puede hacer dentro de la Misa según los ritos descritos más adelante, en los nn. 3-16, o bien fuera de la Misa, según los ritos que se indican más adelante, en los nn. 17-32.

2. También se está extendiendo la costumbre de formar grupos de personas para este rito. Por lo tanto, habrá necesidad de cambiar el número en nombres, pronombres y adjetivos en esos casos.

A. RITO QUE SE HA DE EMPLEAR DENTRO DE LA MISA PARA DAR GRACIAS AL CUMPLIR QUINCE AÑOS

3. En la Liturgia de la Palabra, de conformidad con las rúbricas, pueden tomarse las lecturas, o bien del Leccionario para ese día sobre todo si es domingo, o bien de la Misa "Para dar gracias a Dios", según el Leccionario de las Misas por varias necesidades.

4. Después de la lectura del Evangelio, el sacerdote, basándose en el texto sagrado, debe exponer en la homilía el misterio y la gracia del don de la vida, teniendo en cuenta las diversas circunstancias de las personas.

5. Sigue la oración universal en la forma acostumbrada en la celebración de la Misa, o bien la plegaria común propuesta en la forma de nn. 33-34.

6. En la Liturgia Eucarística se hace todo según el Ordinario de la Misa.

7. Antes de la bendición final el sacerdote invita a la quinceañera (las quinceañeras) a que haga (hagan) un acto de acción de gracias y de compromiso personal de vivir como una verdadera cristiana (verdaderas cristianas).

8. La quinceañera puede (las quinceañeras pueden) hacerlo con estas u otras palabras semejantes:

Heavenly Father,
I thank you for the gift of life,
for creating me in your image and likeness,
and for calling me to be your daughter
through Baptism.
Thank you for sending your Son Jesus to save me
and your Holy Spirit to sanctify me.
To that which in your goodness and love
you will for me, I say "yes,"

with your grace I commit myself
to serve my brothers and sisters all my life.

Mary, Mother of Jesus and our Mother,
I dedicate myself to you.
Since you are my model of faith,
help me to continue learning from you
what I need
to be a Christian woman.

Help me to hear the Word of God as you did,
holding it in my heart and loving others,
so that, as I walk with Jesus in this life,
I may worship him with you in all eternity.
Amen.

9. The Priest responds:

N. (N. and N.), may God, who has begun this good work in you, bring it to completion.

10. According to circumstances, the Priest, in silence, sprinkles each *quinceañera* with holy water.

Señor, Dios mío,
te doy gracias por darme la vida
al crearme a tu imagen y semejanza
y por llamarme a ser tu hija en el Bautismo.
Gracias por enviar a tu Hijo Jesucristo
a salvarme
y a tu Espíritu Santo para santificarme.
Quiero responder que "sí"
a todo lo que tú deseas de mí en tu bondad y amor.

Con tu gracia me comprometo a servir
a mis hermanas y hermanos a lo largo de mi vida.

Me consagro a ti, María, Madre de Jesús y
Madre nuestra,
tú estás muy cerca de él
y eres mi modelo de fe,
concédeme que continuamente aprenda de ti
lo que necesito para ser una mujer cristiana.

Ayúdame a escuchar la Palabra de Dios
como tú lo hiciste,
guardándola en mi corazón y amando a los
demás para que,
al caminar con Jesús en esta vida,
merezca alabarle junto a ti
para siempre en el cielo.
Amén.

9. El sacerdote responde:

N. (N. y N.), que este compromiso que hoy has (han) hecho Dios lo lleve a su feliz término.

10. Según las circunstancias, el sacerdote rocía a la quinceañera (las quinceañeras) con agua bendita, sin decir nada.

11. At this time, the *quinceañera* (*quinceañeras*) may take a flower or a bouquet of flowers to the image of the Blessed Mother.

12. If convenient, the one who presides invites the baptismal godparents and other couples acting as sponsors to bring the religious articles to be given to the *quinceañera* (*quinceañeras*), such as a medal, a Bible, a rosary, and other religious objects which have been previously blessed. (This is optional.)

13. Then the baptismal godparents and other couples acting as sponsors give the blessed objects to the *quinceañera* (*quinceañeras*).

14. At the end of Mass the Priest blesses the *quinceañera* (*quinceañeras*), using these or similar words:

Loving God,
you created all the people of the world
and you know each of us by name.
We thank you for N. (these *quinceañeras*),
who today celebrate(s) her (their)
fifteenth birthday.
Bless her (them) with your love and friendship
that she (they) may grow in wisdom,
knowledge, and grace.
May she (they) love her (their) family always
and be faithful to her (their) friends.
Through Christ our Lord.

All: Amen.

15. Then the Priest blesses all present in the usual way.

16. After the blessing, all may sing a hymn which suitably expresses thanksgiving and joy, or they may sing the song of the Blessed Virgin Mary, the *Magnificat*.

11. En este momento, la quinceañera puede (las quinceañeras pueden) llevar una flor o un ramo de flores al imagen de la Santísima Virgen.

12. Si se cree conveniente, el sacerdote invita a los padrinos/madrinas de bautismo y a las parejas que ejercen la función de esponsores a que traigan los objetos religiosos que se regalarán a la quinceañera (las quinceañeras), como medalla, Biblia, rosario, etc., bendecidos previamente.

13. Luego, los padrinos/madrinas de bautismo y las parejas que ejercen la función de esponsores le entregan los objetos bendecidos a la quinceañera (las quinceañeras).

14. Al final de la Misa, el sacerdote bendice a la quinceañera (las quinceañeras) con estas u otras palabras semejantes:

Dios amoroso,
tú creaste a todos los pueblos de la tierra
y nos conoces a cada uno por nombre.
Te damos gracias por N. (las quinceañeras),
que celebra (celebran) hoy sus quince años.
Bendícela (Bendícelas) con tu amor y amistad
para que pueda crecer en sabiduría,
conocimiento y gracia,
amando siempre a su familia (sus familias)
y siendo fiel a sus amigos.
Por Jesucristo, nuestro Señor.

Todos: Amén.

15. Finalmente bendice a todos los presentes como de costumbre.

16. Después de la bendición y despedida, si se juzga oportuno, pueden todos entonar un cántico apropiado, que exprese el gozo y la acción de gracias o el *Magnificat*.

B. Order for Blessing on the Fifteenth Birthday outside Mass

17. The present rite may be used by a Priest or Deacon.

18. When the community has gathered, a suitable song may be sung. Then the one presiding says:

In the name of the Father, and of the Son, ✠ and of the Holy Spirit.

All make the Sign of the Cross and reply:

Amen.

19. A Priest or Deacon greets those present in the following or other suitable words, taken mainly from Sacred Scripture.

The grace and peace of God our Father,
who granted us the gift of life
and made us his children through Baptism,
be with you all.

All: And with your spirit.

20. The one who presides prepares all present to listen to the Word of God:

We have come together to celebrate the fifteenth birthday of N. (these quinceañeras). As we join her (them) in her (their) joy, we join her (them) also in her (their) gratitude. Let us listen to the Word of God:

B. Rito que se ha de emplear al cumplir quince años fuera de la Misa

17. El rito que aquí se propone pueden utilizarlo el sacerdote o el diácono.

18. Reunida la comunidad, puede cantarse un himno adecuado. Terminado el canto, el que preside dice:

En el nombre del Padre, y del Hijo ✠, y del Espíritu Santo.

Todos se santiguan y responden:

Amén.

19. Luego el que preside, saluda a los presentes, diciendo estas u otras palabras semejantes, tomadas preferentemente de la Sagrada Escritura:

La gracia y la paz de Dios Padre,
que nos concedió el don de la vida
y nos hizo sus hijos por el Bautismo,
estén con ustedes.

Todos: Y con tu espíritu.

20. El que preside dispone los presentes a escuchar la Palabra de Dios:

Nos hemos reunido aquí para celebrar el cumpleaños de N. (las quinceañeras). Nos sentimos solidarios de su alegría (sus alegrías) y con ella (ellas) queremos dar gracias a Dios. Escuchemos ahora con atención la Palabra del Señor.

Reading of the Word of God

21. Then the *quinceañera*, if well prepared, or another person proclaims the following or another text from Sacred Scripture:

A reading from the prophet Jeremiah 1:4-10

The word of the Lord came to me thus:

Before I formed you in the womb I knew you,
before you were born I dedicated you,
a prophet to the nations I appointed you.
"Ah, Lord God!" I said,
"I know not how to speak; I am too young."

But the Lord answered me,
Say not, "I am too young."
To whomever I send you, you shall go,
whatever I command you, you shall speak.
Have no fear before them,
because I am with you to deliver you,
says the Lord.

Then the Lord extended his hand and touched my mouth, saying,

See, I place my words in your mouth!
This day I set you
over nations and over kingdoms,
To root up and to tear down,
to destroy and to demolish,
to build and to plant.

The word of the Lord.

All reply: Thanks be to God.

Lectura de la Palabra de Dios

21. Luego la quinceañera (una de las quinceañeras) si está preparada, u otra persona preparada, proclama un texto de la Sagrada Escritura, por ejemplo:

Lectura del libro del profeta Jeremías 1, 4-10

En tiempo de Josías, el Señor me dirigió estas palabras: "Desde antes de formarte en el seno materno, te conozco; desde antes de que nacieras, te consagré profeta para las naciones". Yo le contesté: "Pero, Señor mío, yo no sé expresarme, porque apenas soy un muchacho". El Señor me dijo: "No digas que eres un muchacho, pues irás adonde yo te envíe y dirás lo que yo te mandé. No tengas miedo, porque yo estoy contigo para protegerte", palabra del Señor.

El Señor extendió entonces su brazo, con su mano me tocó la boca y me dijo: "Desde hoy pongo mis palabras en tu boca y te doy autoridad sobre pueblos y reyes, para que arranques y derribes, para que destruyas y deshagas, para que edifiques y plantes."

Palabra de Dios.

Todos: Te alabamos, Señor.

22. The one who presides invites the *quinceañera* (*quinceañeras*) to make an act of thanksgiving and of personal commitment to lead a Christian life.

23. The *quinceañera* (*quinceañeras*) may do so using these or similar words:

Heavenly Father,
I thank you for the gift of life,
for creating me in your image and likeness,
and for calling me to be your daughter
through Baptism.
Thank you for sending your Son Jesus to save me
and your Holy Spirit to sanctify me.
To that which in your goodness and love
you will for me, I say "yes,"

with your grace I commit myself
to serve my brothers and sisters all my life.

Mary, Mother of Jesus and our Mother,
I dedicate myself to you.
Since you are my model of faith,
help me to continue learning from you
what I need
to be a Christian woman.

Help me to hear the Word of God as you did,
holding it in my heart and loving others,
so that, as I walk with Jesus in this life,
I may worship him with you in all eternity.
Amen.

22. Luego el que preside invita a la quinceañera (las quinceañeras) a que haga (hagan) un acto de acción de gracias y de compromiso de vivir una vida cristiana (vidas cristianas).

23. La quinceañera puede (las quinceañeras pueden) hacerlo con estas u otras palabras semejantes:

**Señor, Dios mío,
te doy gracias por darme la vida
al crearme a tu imagen y semejanza
y por llamarme a ser tu hija en el Bautismo.
Gracias por enviar a tu Hijo Jesucristo
a salvarme
y a tu Espíritu Santo para santificarme.
Quiero responder que "sí"
a todo lo que tú deseas de mí en tu bondad y amor.**

**Con tu gracia me comprometo a servir
a mis hermanas y hermanos a lo largo de mi vida.**

**Me consagro a ti, María, Madre de Jesús y
Madre nuestra,
tú estás muy cerca de él
y eres mi modelo de fe,
concédeme que continuamente aprenda de ti
lo que necesito para ser una mujer cristiana.**

**Ayúdame a escuchar la Palabra de Dios
como tú lo hiciste,
guardándola en mi corazón y amando a los
demás para que,
al caminar con Jesús en esta vida,
merezca alabarle junto a ti
para siempre en el cielo.
Amén.**

24. The one who presides responds:

N. (N. and N.), may God, who has begun this good work in you, bring it to completion.

25. According to circumstances, the one who presides, in silence, sprinkles each *quinceañera* with holy water.

26. At this time, the *quinceañera* (*quinceañeras*) may take a flower or a bouquet of flowers to the image of the Blessed Mother.

27. If convenient, the one who presides invites the baptismal godparents and other couples acting as sponsors to bring the religious articles to be given to the *quinceañera* (*quinceañeras*), such as a medal, a Bible, a rosary, and other religious objects which have been previously blessed. (This is optional.)

28. Then the baptismal godparents and other couples acting as sponsors give the objects to the *quinceañera* (*quinceañeras*).

29. The one who presides says these or similar words:

Loving God,
you created all the people of the world
and you know each of us by name.
We thank you for N. (these *quinceañeras*),
who today celebrate(s) her (their)
fifteenth birthday.
Bless her (them) with your love and friendship
that she (they) may grow in wisdom,
knowledge, and grace.
May she (they) love her (their) family always
and be faithful to her (their) friends.
Through Christ our Lord.

All: Amen.

24. El que preside responde:

N. (N. y N.), que este compromiso que hoy has (han) hecho Dios lo lleve a su feliz término.

25. Según las circunstancias, el sacerdote rocía a la quinceañera (las quinceañeras) con agua bendita, sin decir nada.

26. La quinceañera puede (las quinceañeras pueden) en este momento llevar una flor o un ramo de flores al imagen de la Santísima Virgen.

27. Si se cree conveniente, el que preside invita a los padrinos/madrinas de bautismo y a las parejas que ejercen la función de esponsores a que traigan los objetos religiosos que se regalaron a la quinceañera (las quinceañeras) como medalla, Biblia, rosario, etc., bendecidos previamente.

28. Luego, los padrinos/madrinas de bautismo y las parejas que ejercen la función de esponsores presentan los objetos a la quinceañera (las quinceañeras).

29. El que preside dice la siguiente fórmula u otra parecida:

Dios amoroso,
tú creaste a todos los pueblos de la tierra
y nos conoces a cada uno por nombre.
Te damos gracias por N. (las quinceañeras),
que celebra (celebran) hoy sus quince años.
Bendícela (Bendícelas) con tu amor y amistad
para que pueda crecer en sabiduría,
conocimiento y gracia,
amando siempre a su familia (sus familias)
y siendo fiel a sus amigos.
Por Jesucristo, nuestro Señor.

Todos: Amén.

30. The one who presides may invite all present to exchange the sign of peace using these or similar words:

In the love of Christ,
let us conclude our celebration,
by offering one another a sign of peace.

31. All make an appropriate sign of peace, according to local custom.

32. After the blessing, all may sing a hymn which suitably expresses thanksgiving and joy, or they may sing the song of the Blessed Virgin Mary, the *Magnificat*.

30. El que preside puede invitar a los presentes a darse el saludo de paz con estas u otras palabras semejantes:

En el amor de Cristo,
terminemos nuestra celebración
ofreciendo unos a otros el saludo de paz.

31. Todos se dan el saludo de paz, según la costumbre local.

32. Después de la bendición y despedida, si se juzga oportuno, pueden todos entonar un cántico apropiado, que exprese el gozo y la acción de gracias o el *Magnificat*.

Appendix

33. Universal Prayer

Priest: **We commend our cares and concerns to God, through the person of Christ, saying: Lord, hear our prayer.**

Deacon/Lector: **For our Holy Father, N., our (arch)bishop, N., our pastor, N., and all those who have dedicated their life to the service of God's people, that they may continue to follow faithfully their vocation. We pray to the Lord:**

℟. Lord, hear our prayer.

For our civic rulers that they may perform their duties with justice and compassion for the good of all. We pray to the Lord:

℟. Lord, hear our prayer.

For N. (these *quinceañeras*), who is (are) celebrating her (their) birthday today, that she (they) may continue with happiness and generosity in the way of the Lord. We pray to the Lord:

℟. Lord, hear our prayer.

For the parents, grandparents, and godparents of N. (these *quinceañeras*), that they may continue to enjoy the fruit of their love in their children. We pray to the Lord:

℟. Lord, hear our prayer.

Apéndice

33. Oración universal

Sacerdote: **Encomendando nuestros cuidados y preocupaciones a Dios, por medio de la persona de Cristo, al decir: Te rogamos, Señor.**

Diácono/Lector: **Por nuestro Santo Padre, N., por nuestro (arz)obispo, N., por nuestro párroco, N., y todos los que han dedicado su vida al servicio del pueblo de Dios, para que sigan fielmente su vocación, roguemos al Señor:**

℟. Te rogamos, Señor.

Por las autoridades civiles para que cumplan con sus deberes con justicia y compasión para el bien de todos, roguemos al Señor:

℟. Te rogamos, Señor.

Por N. (quienes) que celebra (celebran) su cumpleaños hoy, para que siga (sigan) el camino de Jesús con alegría y generosidad, roguemos al Señor:

℟. Te rogamos, Señor.

Por los padres, los abuelitos y los padrinos de N. (las quinceañeras) para que continúen gozando el fruto de su amor en sus hijos, roguemos al Señor:

℟. Te rogamos, Señor.

For the youth, particularly the "faith companions" of N. (these *quinceañeras*), that they may have the necessary strength to live according to their Christian principles. We pray to the Lord:

℟. Lord, hear our prayer.

For the sick and the poor in our community, that they may experience God's love for them as those around them respond to their needs. We pray to the Lord:

℟. Lord, hear our prayer.

For all our faithful departed, that they may enjoy the vision of God in heaven. We pray to the Lord:

℟. Lord, hear our prayer.

For all our personal intentions that are deep in our hearts, and for all those for whom we should pray, that they may receive the graces they need. We pray to the Lord:

℟. Lord, hear our prayer.

34. The Priest immediately adds the following or some other suitable prayer:

Loving Creator, we come before you
with faith and love
to praise your goodness and
to acknowledge our need.
We ask you to hear the prayers we make
through Christ our Lord.

All: Amen.

Por los jóvenes, particularmente por los "compañeros de fe" de N. (las quinceañeras), para que tengan la fuerza necesaria de vivir según sus principios cristianos, roguemos al Señor:

℟. Te rogamos, Señor.

Por los enfermos y los pobres de nuestra comunidad, para que sientan el amor de Dios por ellos a través de los que alivian sus necesidades, roguemos al Señor:

℟. Te rogamos, Señor.

Por todos nuestros parientes difuntos, para que gocen de la visión de Dios en el cielo, roguemos al Señor:

℟. Te rogamos, Señor.

Por todas nuestras intenciones personales que están en lo íntimo de nuestro corazón y por todos aquellos por quienes debemos orar, para que reciban las gracias que necesitan, roguemos al Señor:

℟. Te rogamos, Señor.

34. A continuación el que preside dice esta plegaria u otra adecuada:

Dios de amor, a ti nos acercamos
con estas peticiones que te ofrecemos
porque te necesitamos.
Por Jesucristo, nuestro Señor.

Todos: Amén.